Impressum
Verlag: BABADADA GmbH, Nedderfeld 112 , 22529 Hamburg
Geschäftsführer / Verlagsleitung: Harald Hof
Druck: Books on Demand GmbH, In de Tarpen 42, 22848 Norderstedt

Imprint
Publisher: BABADADA GmbH, Nedderfeld 112 , 22529 Hamburg, Germany
Managing Director / Publishing direction: Harald Hof
Print: Books on Demand GmbH, In de Tarpen 42, 22848 Norderstedt

# school

# škola

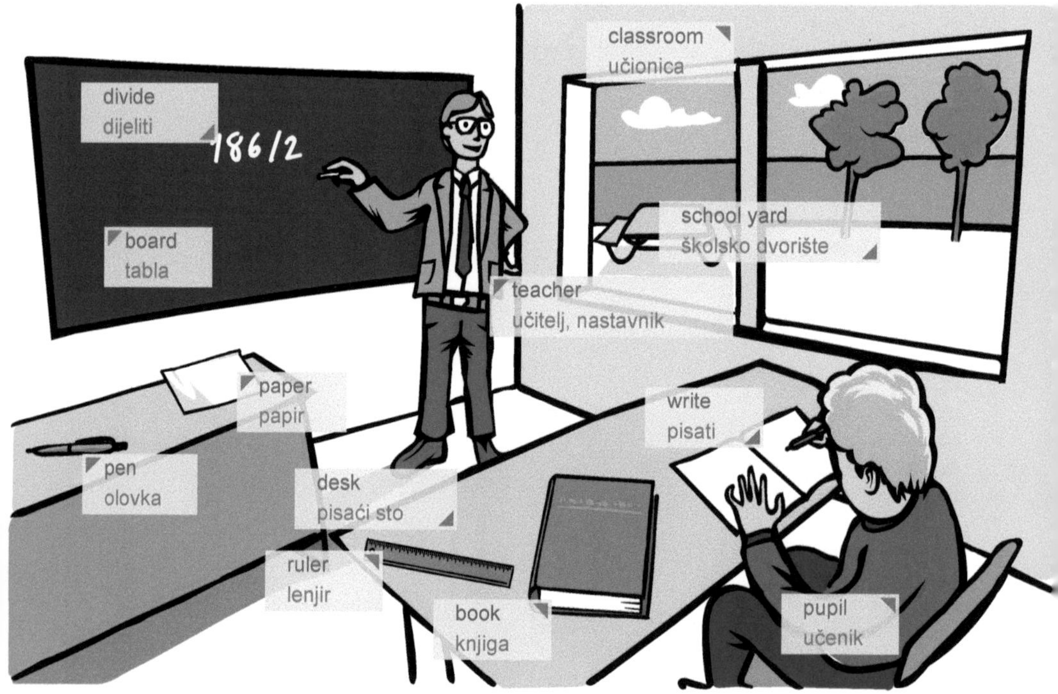
classroom
učionica
divide
dijeliti
186/2
board
tabla
school yard
školsko dvorište
teacher
učitelj, nastavnik
paper
papir
write
pisati
pen
olovka
desk
pisaći sto
ruler
lenjir
book
knjiga
pupil
učenik

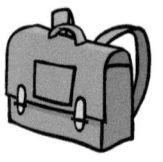

satchel

torba

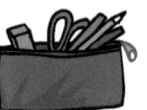

pencil case

pernica

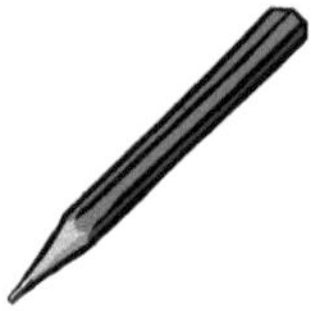

pencil

drvena olovka

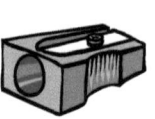

pencil sharpener

šiljalo za olovke

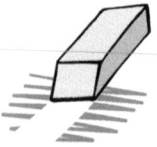

rubber

gumica

drawing pad

blok za crtanje

drawing

crtež

paintbrush

kist

paint box

kutija s bojama

scissors

makaze

glue

ljepilo

exercise book

vježbanka

homework

domaća zadaća

number

broj

add

sabirati

subtract

oduzimati

multiply

množiti

calculate

· računati

letter

slovo

alphabet

abeceda

word

riječ

school - škola

text

tekst

read

čitati

chalk

kreda

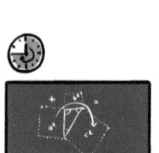

lesson

sat

register

školski dnevnik

exam

ispit

certificate

svjedočanstvo

school uniform

školska uniforma

education

izobrazba

encyclopedia

leksikon

university

univerzitet

microscope

mikroskop

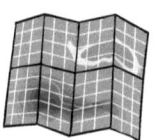

map

karta

waste-paper basket

korpa za papir

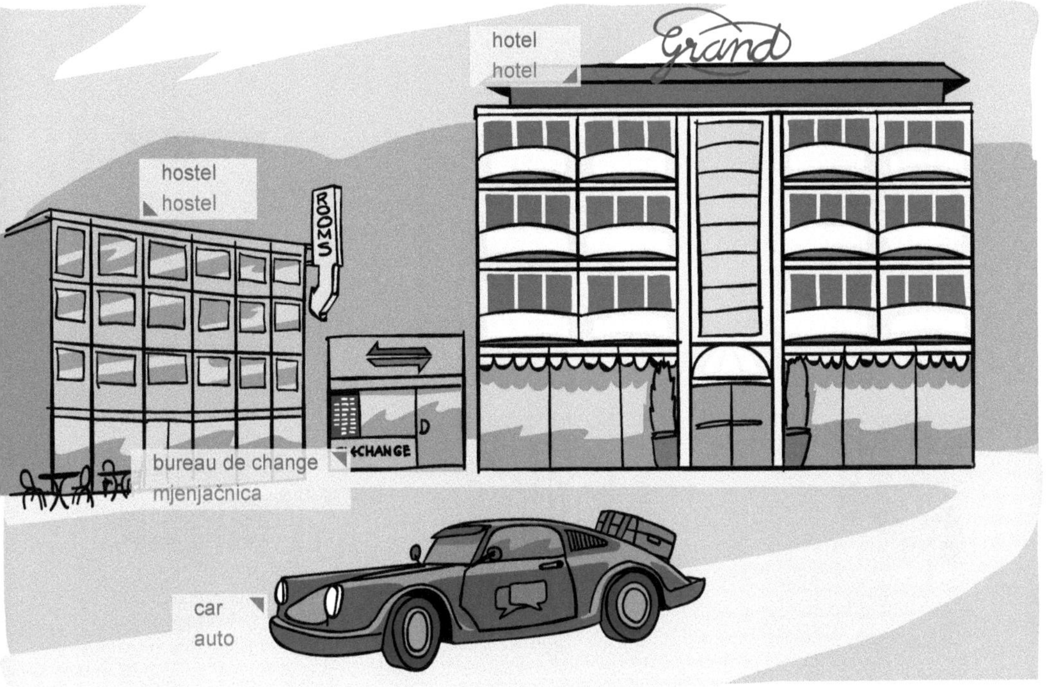

hotel
hotel
Grand
hostel
hostel
ROOMS
€CHANGE
bureau de change
mjenjačnica
car
auto

language
jezik

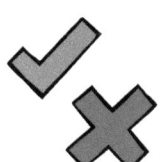

yes / no
da / ne

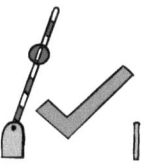

Okay
okej

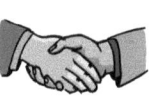

hello
zdravo

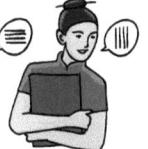

translator
tumač

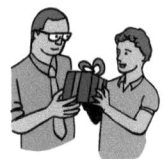

Thank you
hvala

how much is…?

Koliko košta…?

I do not understand

Ne razumijem

problem

problem

Good evening!

dobro veče!

Good morning!

Dobro jutro!

Good night!

Laku noć!

bye bye

doviđenja

direction

smjer

luggage

prtljag

bag

torba

backpack

ruksak

guest

gost

room

soba

sleeping bag

vreća za spavanje

tent

šator

tourist information

turističke informacije

beach

plaža

credit card

kreditna kartica

breakfast

doručak

lunch

ručak

dinner

večera

ticket

putna karta

lift

lift

stamp

poštanska markica

border

granica

customs

carina

embassy

ambasada

visa

viza

passport

pasoš

# transport
# transport

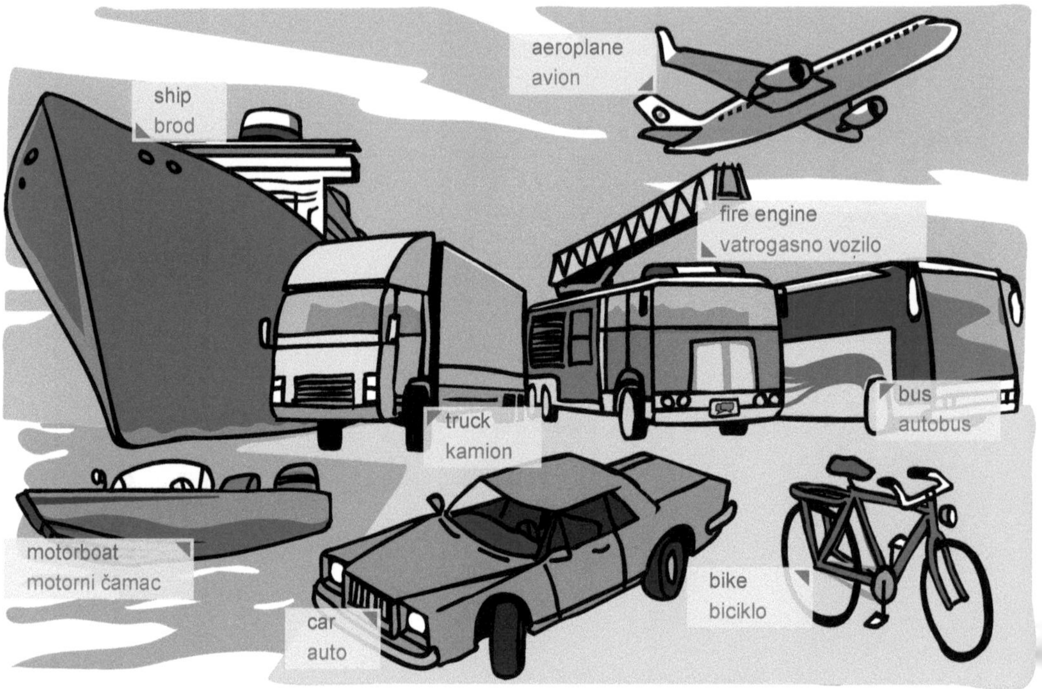

aeroplane
avion
ship
brod
fire engine
vatrogasno vozilo
bus
autobus
truck
kamion
motorboat
motorni čamac
bike
biciklo
car
auto


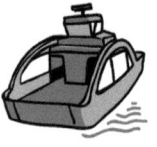

ferry

trajekt

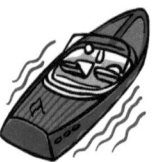

boat

brod

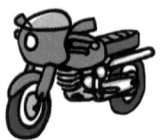

motorbike

motocikl

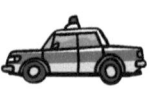

police car

policijski automobil

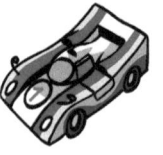

racing car

trkaći automobil

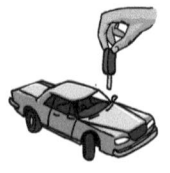

rental car

unajmljeni automobil

car sharing

kar-šering

breakdown truck

pauk

refuse truck

smećarsko vozilo

motor

motor

fuel

gorivo

petrol station

benzinska pumpa

traffic sign

saobraćajni znak

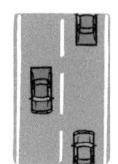

traffic

saobraćaj

traffic jam

zastoj

car park

parking

train station

željeznička stanica

tracks

šine

train

voz

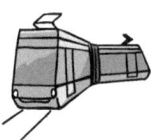

tram

tramvaj

carriage

vagon

helicopter

helikopter

airport

aerodrom

tower

toranj

passenger

putnik

container

kontejner

carton

karton

cart

tačke

basket

korpa

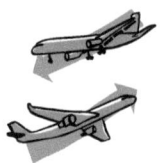

take off / land

poletjeti / sletjeti

## city

## grad

village

selo

city centre

centar grada

house

kuća

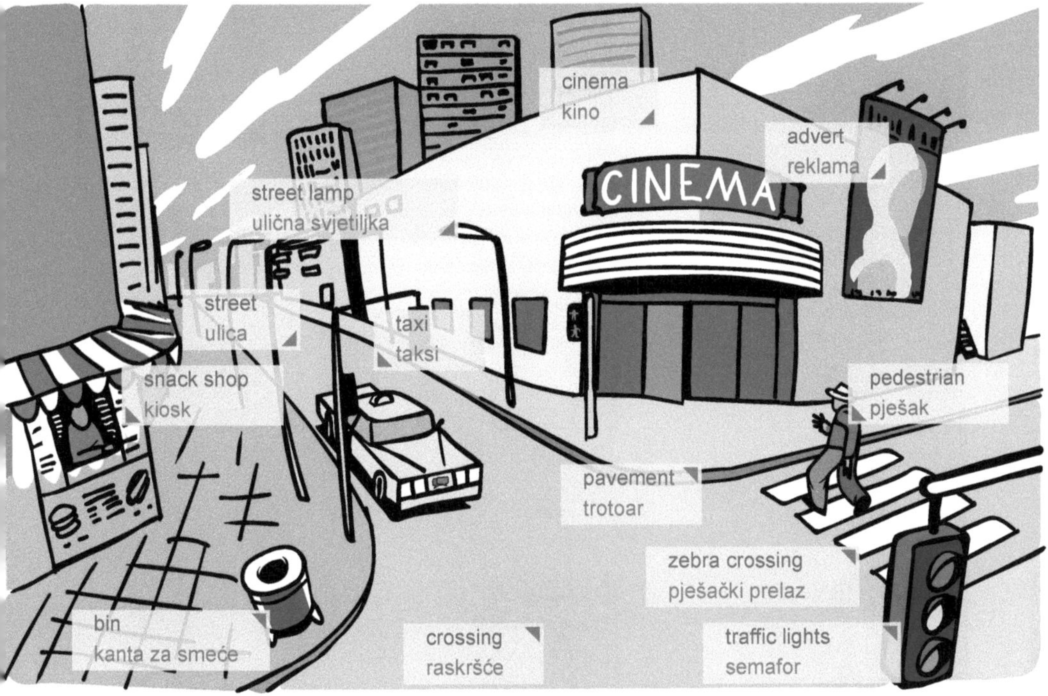

cinema
kino

advert
reklama

street lamp
ulična svjetiljka

CINEMA

street
ulica

taxi
taksi

snack shop
kiosk

pedestrian
pješak

pavement
trotoar

zebra crossing
pješački prelaz

bin
kanta za smeće

crossing
raskršće

traffic lights
semafor

hut

koliba

flat

stan

train station

željeznička stanica

town hall

vjećnica

museum

muzej

school

škola

university

univerzitet

bank

banka

hospital

bolnica

hotel

hotel

pharmacy

apoteka

office

ured

book shop

knjižara

shop

radnja

florist's

cvjećara

supermarket

supermarket

market

pijaca

department store

robna kuća

fishmonger's

prodavač ribe

shopping centre

trgovački centar

harbour

luka

park

park

bench

klupa

bridge

most

stairs

stepenice

underground

podzemna željeznica

tunnel

tunel

bus stop

autobuska stanica

bar

bar

restaurant

restoran

postbox

poštanski sandučić

street sign

saobraćajni znak

parking meter

sat za naplatu parkinga

zoo

zoološki vrt

swimming pool

bazen

mosque

džamija

farm

seosko imanje

pollution

zagađenje okoline

graveyard

groblje

church

crkva

playground

igralište

temple

hram

## landscape
## krajolik

signpost
putokaz

way
putokaz

meadow
livada

stone
kamen

hiker
putnik

tree
drvo

river
rijeka

grass
trava

flower
cvijet

valley

dolina

hill

brdo

lake

jezero

forest

šuma

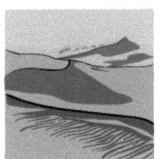

desert

pustinja

volcano

vulkan

castle

dvorac

rainbow

duga

mushroom

gljiva

palm tree

palma

mosquito

komarac

fly

muha

ant

mrav

bee

pčela

spider

pauk

beetle

buba

frog

žaba

squirrel

vjeverica

hedgehog

jež

hare

zec

owl

sova

bird

ptica

swan

labud

boar

divlja svinja

deer

jelen

moose

los

dam

brana

wind turbine

vjetrenjača

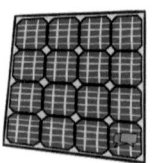

solar panel

solarni modul

climate

klima

landscape - krajolik

# restaurant
# restoran

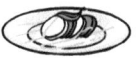

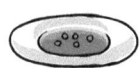

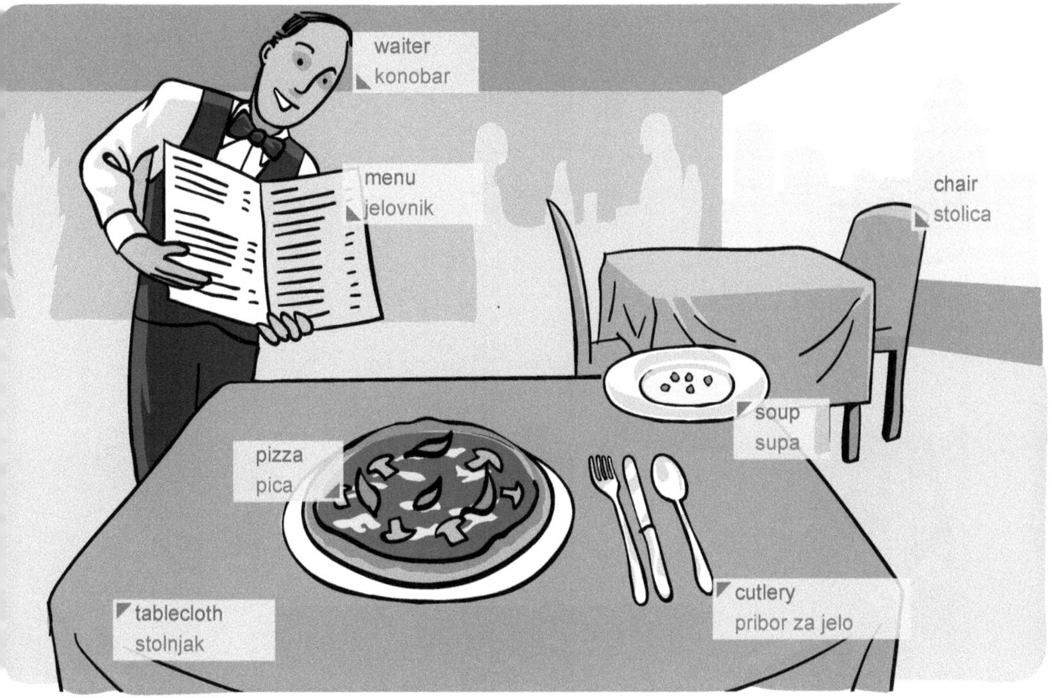
waiter
konobar
menu
jelovnik
chair
stolica
soup
supa
pizza
pica
cutlery
pribor za jelo
tablecloth
stolnjak

starter

predjelo

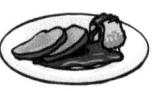

main course

glavno jelo

dessert

desert

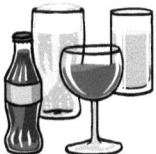

drinks

piće

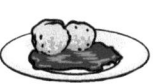

food

jelo

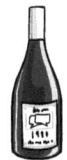

bottle

flaša

fast food

brza hrana

street food

jelo sa ulice

teapot

čajnik

sugar bowl

šećernica

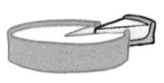

portion

porcija

espresso machine

mašina za espreso

high chair

barska stolica

bill

račun

tray

tacna

knife

nož

fork

viljuška

spoon

kašika

teaspoon

kašičica

serviette

salveta

glass

čaša

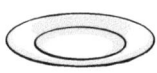

plate

tanjir

soup plate

tanjir za supu

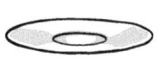

saucer

tanjurić

sauce

sos

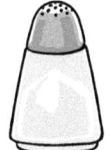

salt pot

solanik

pepper mill

mlin za biber

vinegar

sirće

oil

ulje

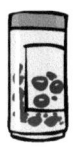

spices

začini

ketchup

kečap

mustard

senf

mayonnaise

majoneza

# supermarket
# supermarket

special offer
ponuda
FOR
customer
klijent
dairy
mliječni proizvodi
fruit
voće
trolley
kolica za kupovinu

BUTCHERS

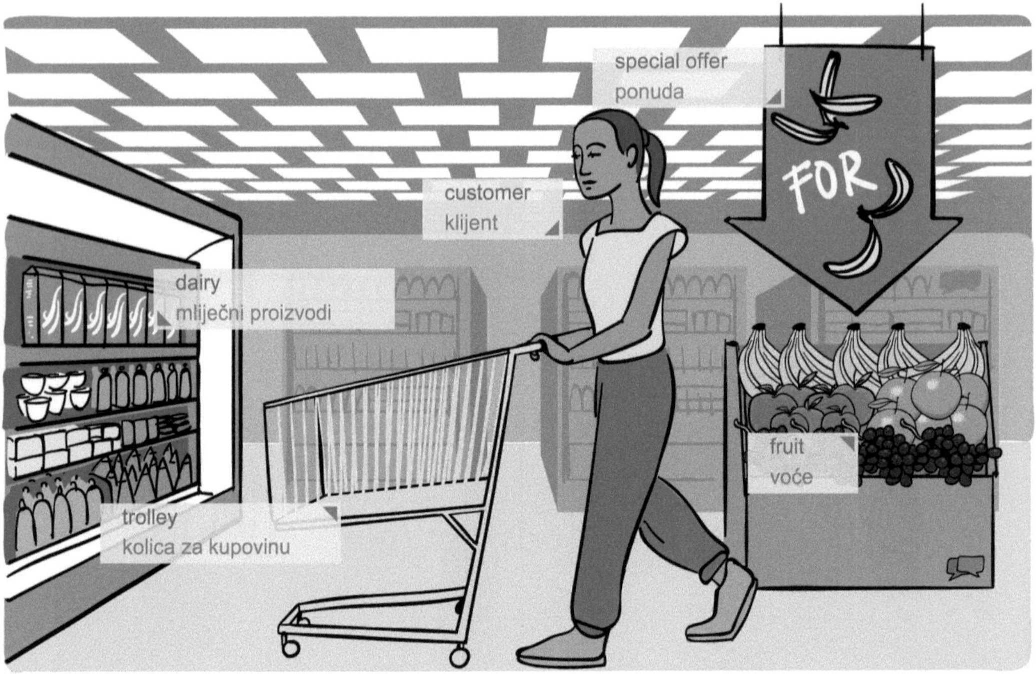

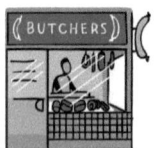

butcher´s
mesnica- klaonica

BAKERY

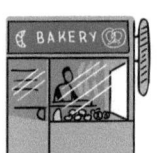

baker´s
pekara

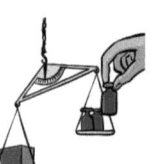

weigh
vagati

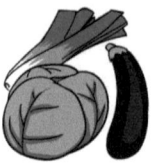

vegetables
povrće

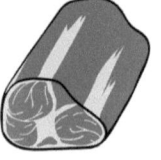

meat
meso

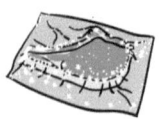

frozen food
zaleđena hrana

cold meat

narezak

tinned food

konzerve

washing powder

prašak za veš

sweets

slatkiši

household products

kućanski proizvodi

cleaning products

sredstvo za čišćenje

salesperson

prodavačica

till

kasa

cashier

blagajnik

shopping list

lista za kupovinu

opening hours

radno vrijeme

wallet

novčanik

credit card

kreditna kartica

bag

torba

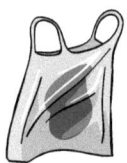

plastic bag

najlonska vrećica

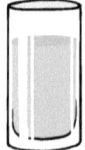

water

voda

juice

sok

milk

mlijeko

coke

kola

wine

vino

beer

pivo

alcohol

alkohol

cocoa

kakao

tea

čaj

coffee

kafa

espresso

espreso

cappuccino

kapućino

banana

banana

apple

jabuka

orange

narandža

melon

lubenica

lemon

limun

carrot

mrkva

garlic

bijeli luk

bamboo

bambus

onion

crveni luk

mushroom

gljiva

nuts

orašasti plodovi

noodles

pasta

spaghetti

špagete

rice

riža

salad

salata

chips

pomfrit

fried potatoes

pečeni krompir

pizza

pica

hamburger

hamburger

sandwich

sendvič

cutlet

šnicla

ham

šunka

salami

kobasica

sausage

kobasica

chicken

kokoš

roast

pečenje

fish

riba

porridge oats

zobene pahuljice

muesli

muzli

cornflakes

kornfleks

flour

brašno

croissant

kroason

bread roll

zemičke

bread

kruh

toast

tost

biscuits

keksi

butter

maslac

curd

svježi sir

cake

kolač

egg

jaje

fried egg

jaje na oko

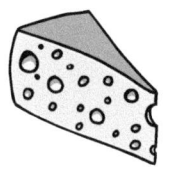

cheese

sir

ice cream

sladoled

sugar

šećer

honey

med

jam

marmelada

chocolate spread

nugat krema

curry

kuri

# farm
# seosko imanje

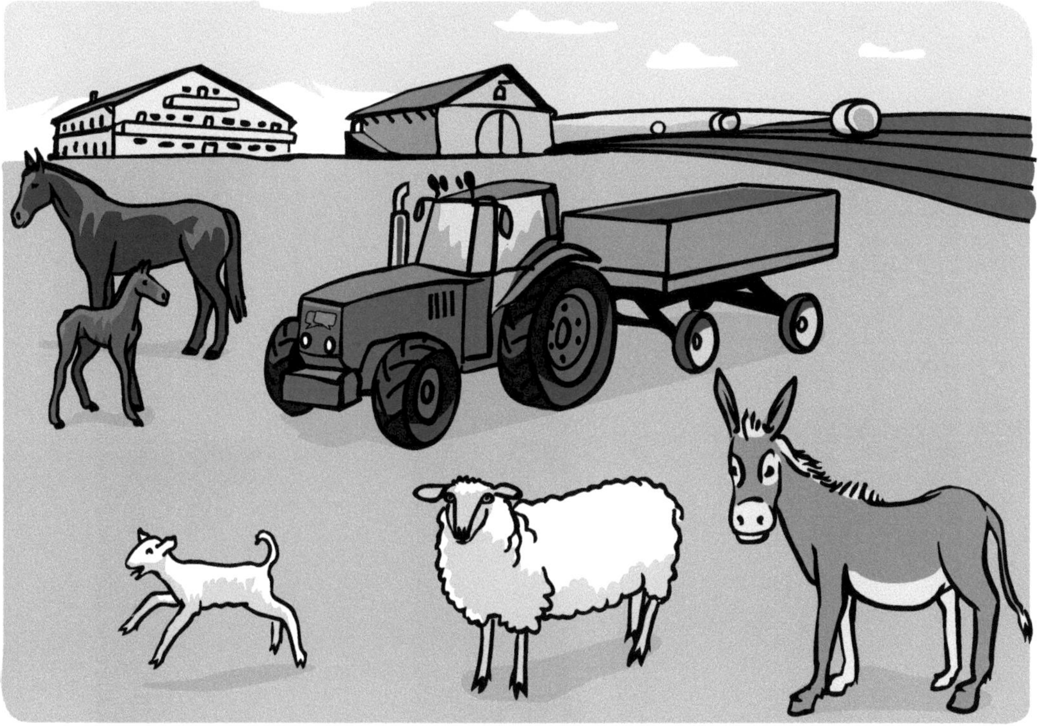

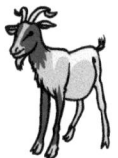

goat

koza

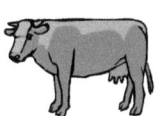

cow

krava

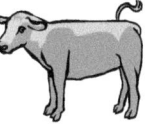

calf

tele

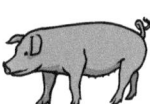

pig

svinja

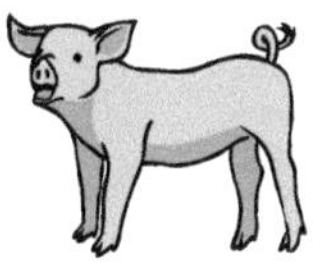

piglet

prase

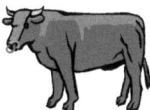

bull

bik

goose

guska

duck

patka

chick

pile

hen

kokoška

cock

pjetao

rat

pacov

cat

mačka

mouse

miš

ox

vol

dog

pas

doghouse

pseća kućica

garden hose

crijevo za baštu

watering can

kanta za zalijevanje

scythe

kosa

plough

plug

sickle

srp

hoe

motika

pitchfork

vile

axe

sjekira

wheelbarrow

tačke

trough

korito

milk can

bokal za mlijeko

sack

vreća

fence

ograda

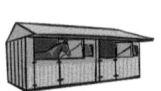

stable

štala

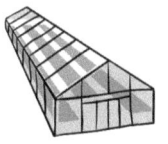

greenhouse

staklenik

soil

tlo

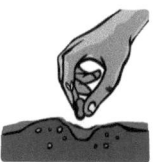

seed

sjeme

fertilizer

đubrivo

combine harvester

kombajn

**farm - seosko imanje**

harvest

kositi

harvest

žetva

yams

jam korijen

wheat

pšenica

soy

soja

potato

krompir

corn

kukuruz

rapeseed

uljana repica

fruit tree

drvo voća

cassava

manioka

cereals

žito

living room

dnevni boravak

bathroom

kupatilo

kitchen

kuhinja

bedroom

spavaća soba

child's room

dječija soba

dining room

trpezarija

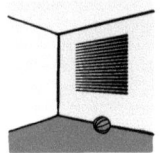

floor

pod, tlo

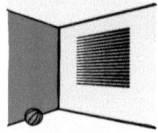

wall

zid

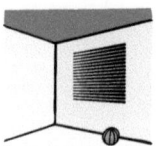

ceiling

plafon

cellar

podrum

sauna

sauna

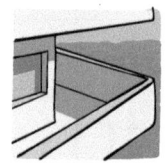

balcony

balkon

terrace

terasa

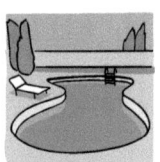

pool

bazen

lawn mower

kosilica

sheet

posteljina

bedspread

pokrivač

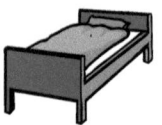

bed

krevet

broom

metla

bucket

kanta

switch

prekidač

# living room
# dnevni boravak

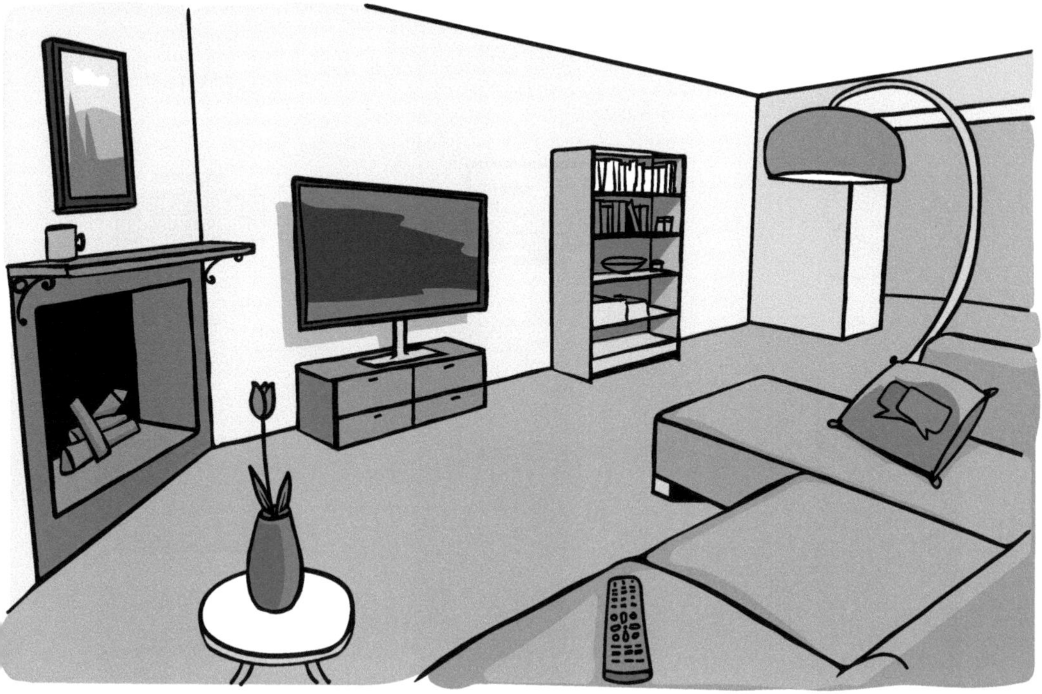

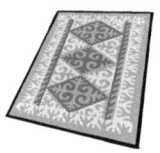

carpet

tepih

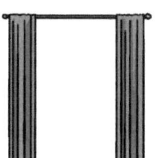

curtain

zavjesa

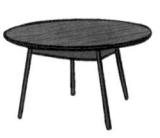

table

stol

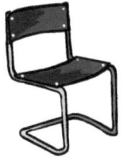

chair

stolica

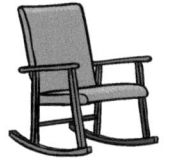

rocking chair

stolica za ljuljanje

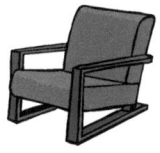

armchair

fotelja

book

knjiga

blanket

deka

decoration

dekoracija

firewood

ložno drvo

film

film

hi-fi equipment

stereo uređaj

key

ključ

newspaper

novine

painting

umjetnička slika

poster

poster

radio

radio

notepad

blok za bilješke

hoover

usisavač

cactus

kaktus

candle

svijeća

# kitchen
# kuhinja

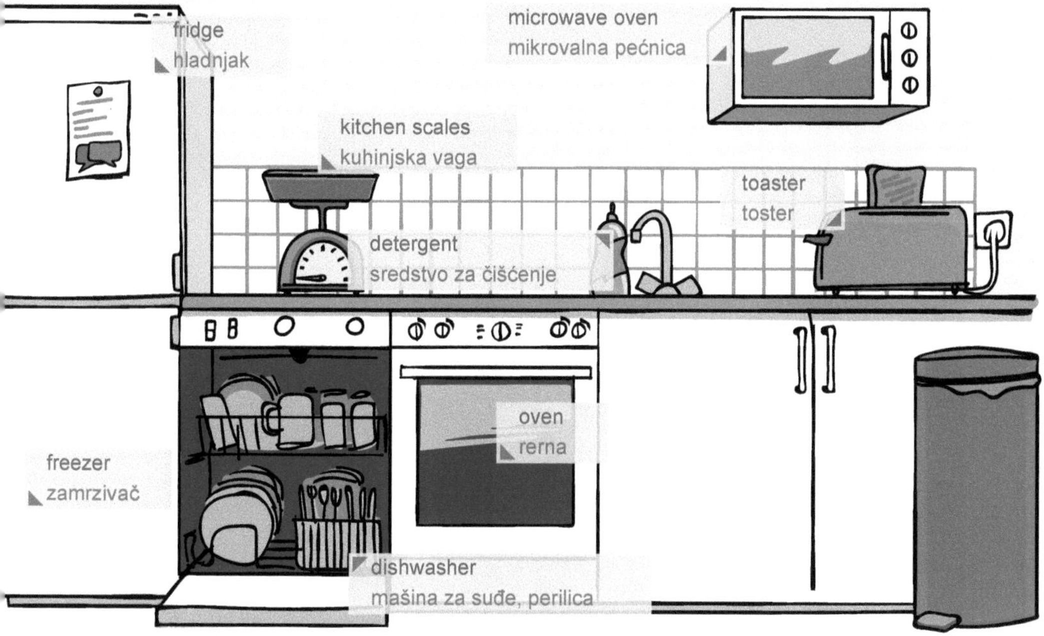

fridge
hladnjak
microwave oven
mikrovalna pećnica
kitchen scales
kuhinjska vaga
toaster
toster
detergent
sredstvo za čišćenje
oven
rerna
freezer
zamrzivač
dishwasher
mašina za suđe, perilica


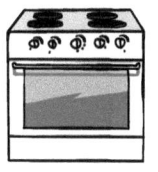

cooker

peć

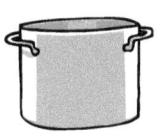

pot

lonac

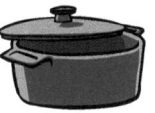

cast-iron pot

metalni lonac

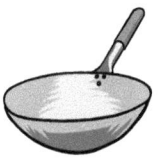

wok / kadai

vok / kadai

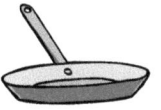

pan

tava, tiganj

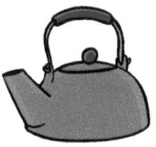

kettle

kuhalo

**steamer**

aparat za kuhanje na pari

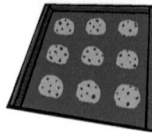

**baking tray**

lim za pečenje

**crockery**

posuđe

**mug**

šalica

**bowl**

činija

**chopsticks**

kineski štapići

**ladle**

kutlača

**spatula**

lopatica

**whisk**

metlica za snijeg bjelanjca

**strainer**

sito za kuhanje

**sieve**

sito

**grater**

ribež

**mortar**

avan s tučkom

**barbecue**

roštilj

**open fire**

ložište

chopping board

daska

rolling pin

oklagija

corkscrew

vadičep

can

konzerva

can opener

otvarač za konzerve

pot holder

krpe za lonac

sink

sudoper

brush

četka

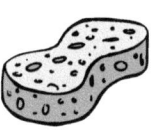

sponge

spužva

blender

mikser

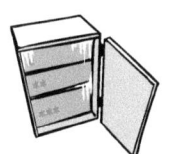

deep freezer

zamrzivač

baby bottle

flašica za bebu

tap

slavina

# bathroom

# kupatilo

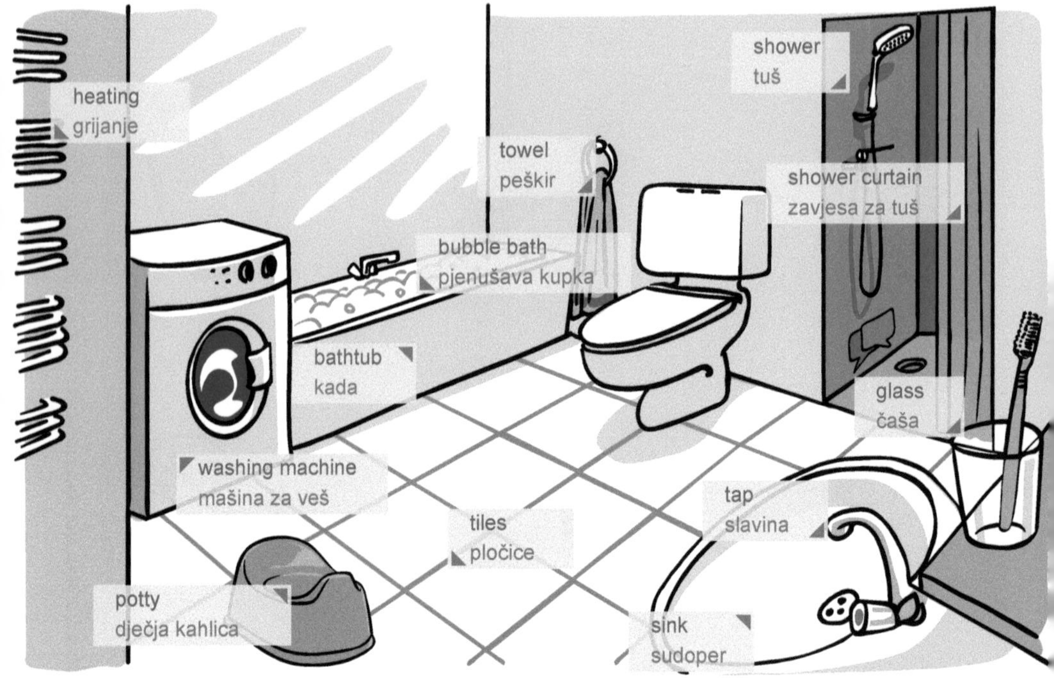

heating
grijanje
towel
peškir
shower
tuš
shower curtain
zavjesa za tuš
bubble bath
pjenušava kupka
bathtub
kada
glass
čaša
washing machine
mašina za veš
tap
slavina
tiles
pločice
potty
dječja kahlica
sink
sudoper


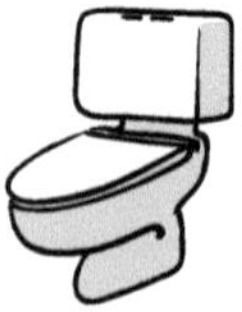

toilet

toalet

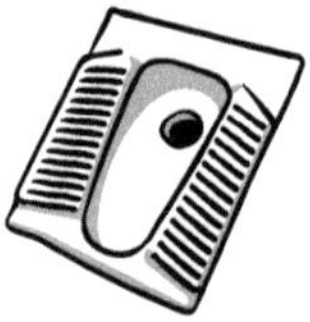

squat toilet

čučavac

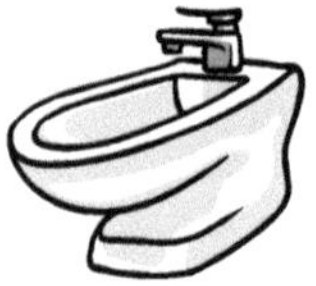

bidet

bide

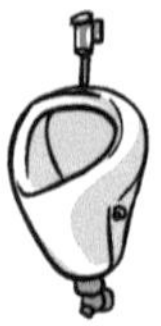

urinal

pisoar

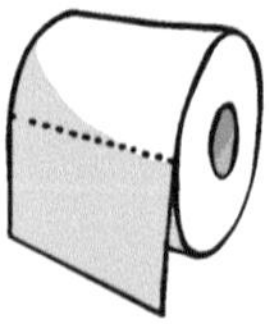

toilet paper

toalet papir

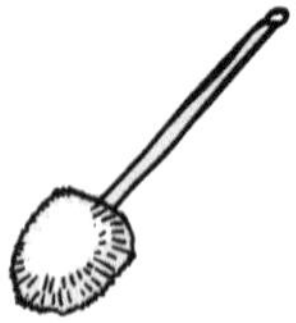

toilet brush

četka za wc

**toothbrush**

četkica za zube

**toothpaste**

pasta za zube

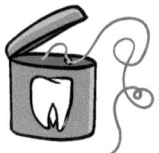

**dental floss**

zubni konac

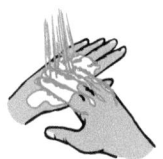

**wash**

prati

**handheld shower**

tuš

**douche**

intimni tuš

**basin**

lavor

**back brush**

četka za leđa

**soap**

sapun

**shower gel**

gel za tuširanje

**shampoo**

šampon

**flannel**

krpe za pranje

**drain**

odvod

**cream**

krema

**deodorant**

dezodorans

mirror

ogledalo

hand mirror

ogledalo za šminkanje

razor

brijač

shaving foam

pjena za brijanje

aftershave

vodica poslije brijanja

comb

češalj

brush

četka

hair dryer

fen

hairspray

sprej za kosu

makeup

puder

lipstick

karmin

nail varnish

lak za nokte

cotton wool

vata

nail scissors

makazice za nokte

perfume

parfem

washbag

kozmetička torbica

stool

hoklica

weighing scale

vaga

bathrobe

kupaći ogrtač

rubber gloves

rukavice za čišćenje

tampon

tampon

sanitary towel

uložak za dame

chemical toilet

hemijski toalet

# child's room
# dječija soba

alarm clock
budilnik
cuddly toy
plišana igračka
toy car
auto za igru
rattle
zvečka
doll's house
kućica za lutke
present
poklon


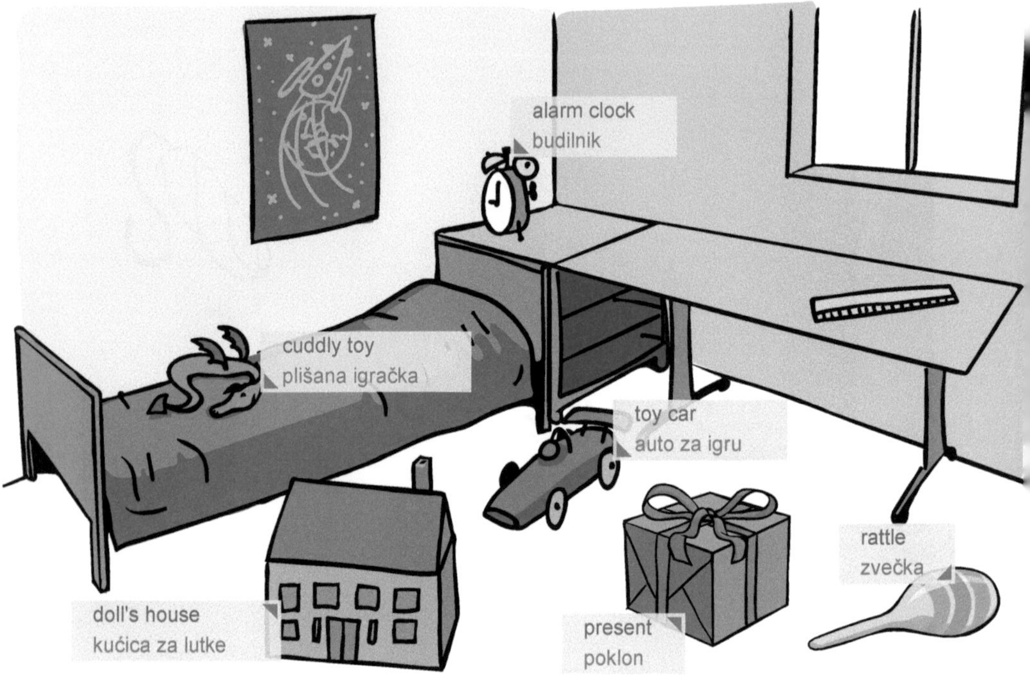

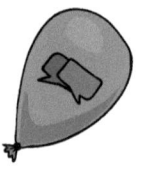

balloon
balon

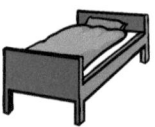

bed
krevet

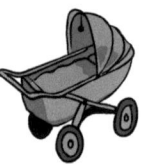

pram
kolica za djecu

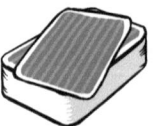

deck of cards
karte za igranje

jigsaw
puzle

SUPER MEGA


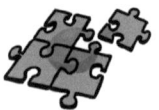

comic
strip

lego bricks

lego kockice

building blocks

kockice za gradnju

action figure

akcione figure

babygrow

benkica

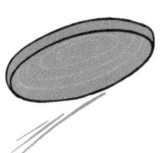

frisbee

frizbi

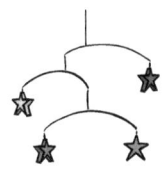

mobile

mobile

board game

igra na ploči

dice

kocka

model train set

miniatura željeznice

dummy

cucla

party

zabava

picture book

slikovnica

ball

lopta

doll

lutka

play

igrati

sandpit

pješćanik

swing

ljuljačka

toys

igračke

video game console

konzola za igru

tricycle

triciklo

teddy bear

medvjedić

wardrobe

ormar

## clothing

## odjeća

socks

kratke čarape

stockings

čarape

tights

hulahopke

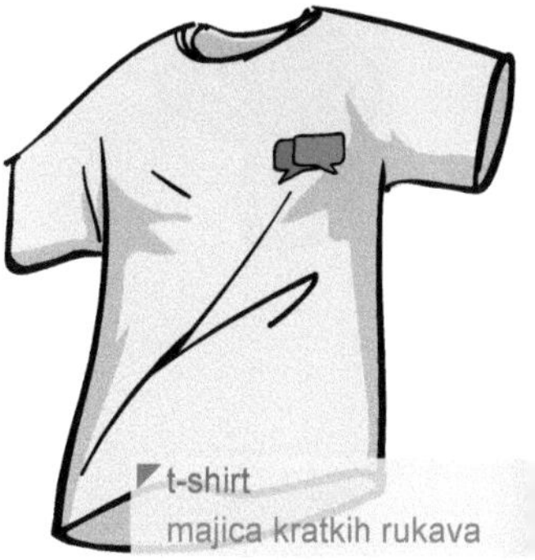

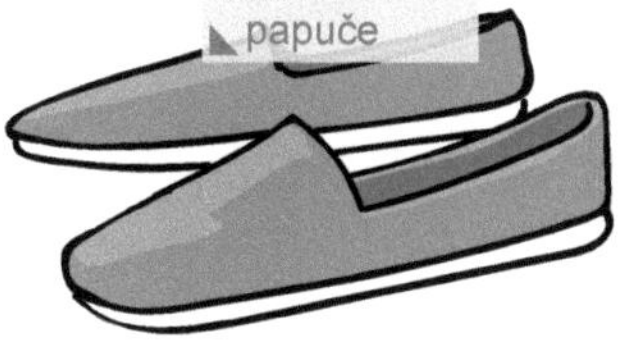

scarf
šal

belt
kaiš

umbrella
kišobran

t-shirt
majica kratkih rukava

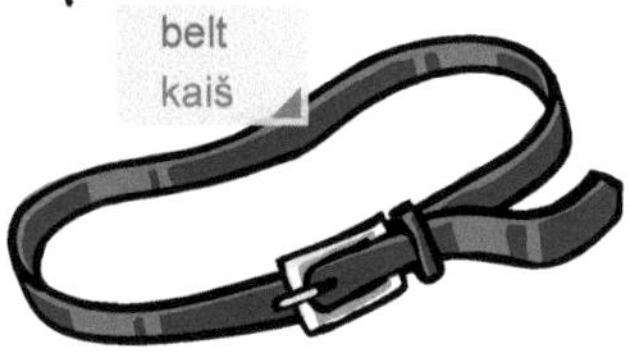

boots
čizme

slippers
papuče

trainers
patike

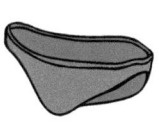

sandals

sandale

shoes

cipele

rubber boots

gumene čizme

underpants

gaće

bra

grudnjak

vest

potkošulja

body

bodi

trousers

hlače

jeans

farmerke

skirt

suknja

blouse

bluza

shirt

košulja

pullover

džemper

hoodie

majica

blazer

sako

jacket

jakna

coat

mantil

raincoat

kišni mantil

costume

kostim

dress

haljina

wedding dress

vjenčanica

suit

odijelo

nightgown

spavaćica

pyjamas

pidžama

sari

sari

headscarf

marama

turban

turban

burqa

burka

kaftan

kaftan

abaya

abaja

swimsuit

kupaći kostim

trunks

kupaće gaće

shorts

kratke hlače

tracksuit

trenerka

apron

pregača

gloves

rukavice

button

dugme

glasses

naočare

bracelet

narukvica

necklace

ogrlica

ring

prsten

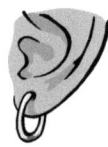

earring

naušnica

cap

kapa

coat hanger

vješalica

hat

šešir

tie

kravata

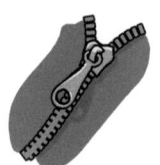

zip

patentni zatvarač

helmet

kaciga

braces

tregeri za hlače

school uniform

školska uniforma

uniform

uniforma

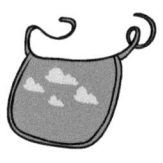

bib

podbradak

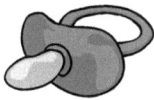

dummy

cucla

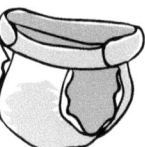

nappy

pelene

# office
## ured

server
server
filing cabinet
ormar za kartoteku
printer
štampač
paper
papir
monitor
monitor
mouse
miš
desk
pisaći sto
folder
registrator
keyboard
tastatura
waste-paper basket
korpa za papir
chair
stolica
computer
kompjuter


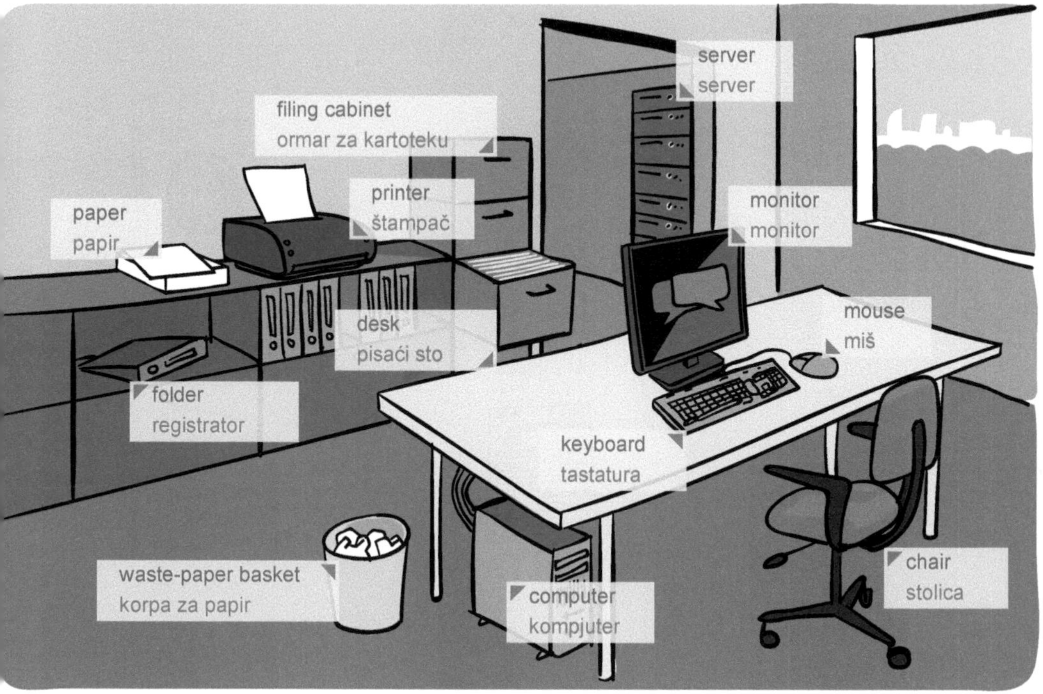

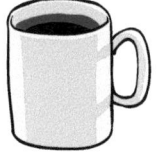

coffee mug

šolja za kafu

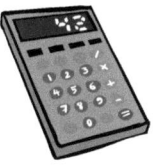

calculator

kalkulator

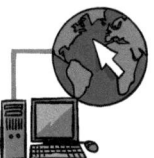

internet

internet

laptop

laptop

letter

pismo

message

poruka

mobile

mobilni telefon

network

mreža

photocopier

aparat za kopiranje

software

softver

telephone

telefon

plug socket

utičnica

fax machine

faks

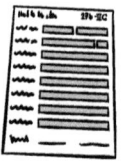

form

formular

document

dokument

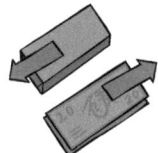

buy

kupovati

pay

platiti

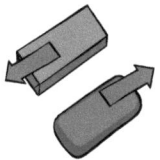

trade

trgovati

money

novac

 **USD**

dollar

dolar

 **EUR**

euro

euro

 **JPY**

yen

jen

 **RUB**

rouble

rublja

 **CHF**

Swiss franc

franak

 **CNY**

renminbi yuan

renminbi jen

 **INR**

rupee

rupi

cashpoint

bankomat

bureau de change

mjenjačnica

gold

zlato

silver

srebro

oil

nafta

energy

energija

price

cijena

contract

ugovor

tax

porez

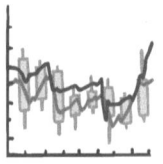

stock

akcija

work

raditi

employee

službenik

employer

poslodavac

factory

fabrika

shop

radnja

# occupations
# zanimanja

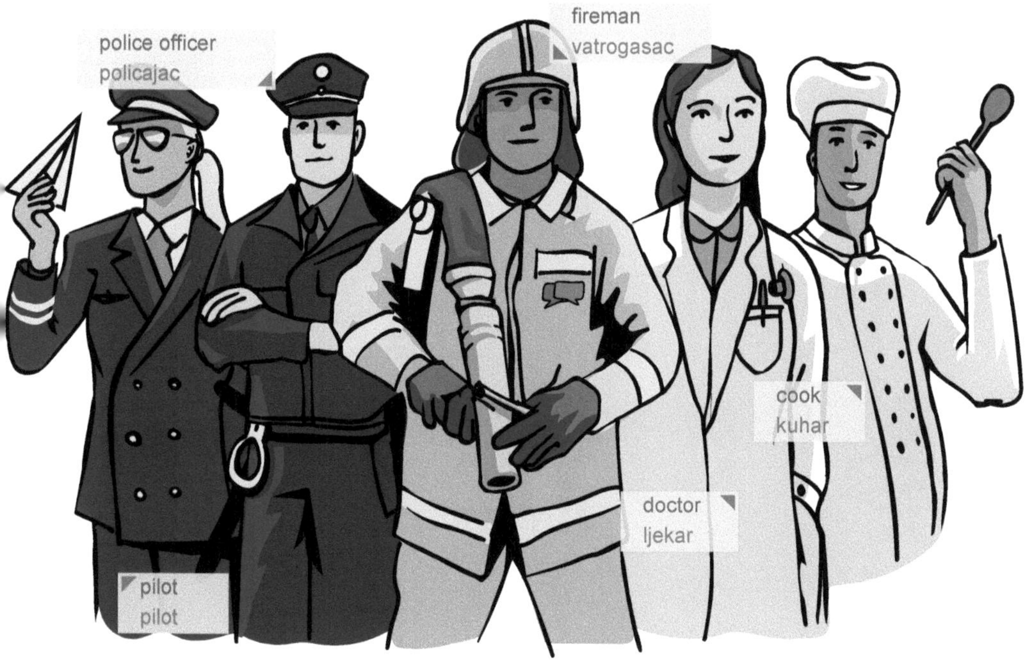

police officer
policajac
fireman
vatrogasac
cook
kuhar
doctor
ljekar
pilot
pilot


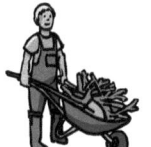

gardener

baštovan

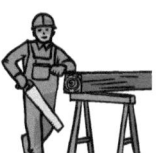

carpenter

stolar

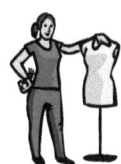

seamstress

krojačica

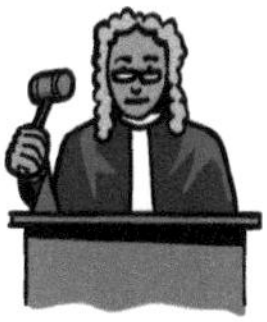

judge

sudija

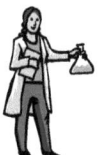

chemist

hemičar

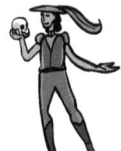

actor

glumac

bus driver

vozač autobusa

taxi driver

vozač taksija

fisherman

ribar

cleaning lady

čistačica

roofer

krovopokrivač

waiter

konobar

hunter

lovac

painter

moler

baker

pekar

electrician

električar

builder

građevinski radnik

engineer

inženjer

butcher

koljač

plumber

limar, vodoinstalater

postman

poštar

occupations - zanimanja

soldier

vojnik

architect

arhitekta

cashier

blagajnik

florist

cvjećar

hairdresser

frizer

conductor

kontrolor

mechanic

mehaničar

captain

kapiten

dentist

zubar

scientist

naučnik

rabbi

rabin

imam

imam

monk

monah

clergyman

sveštenik

# tools
# alat

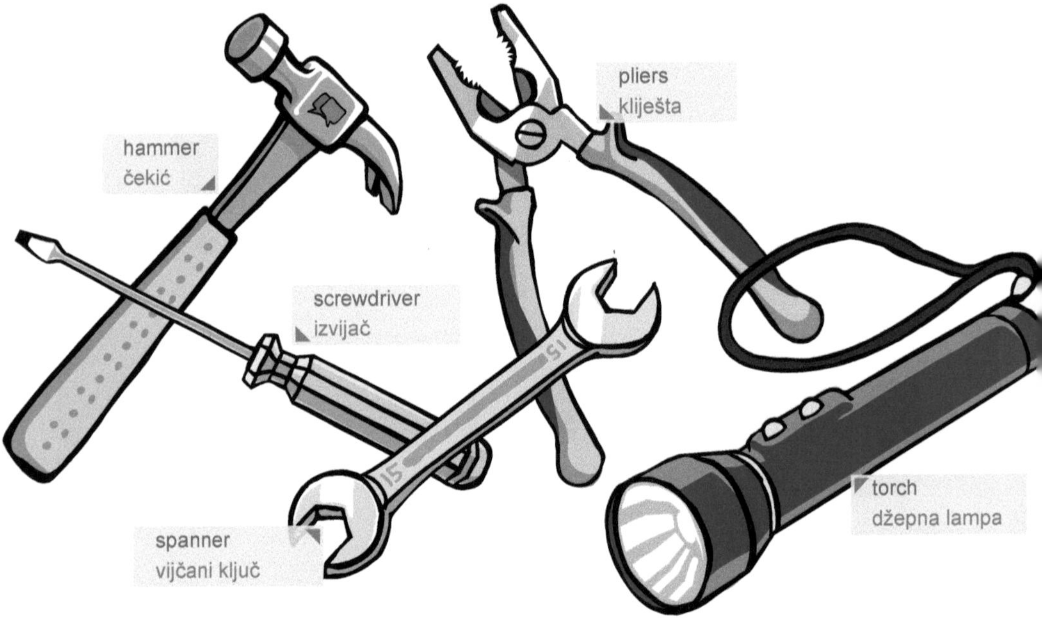
hammer
čekić
pliers
kliješta
screwdriver
izvijač
spanner
vijčani ključ
torch
džepna lampa

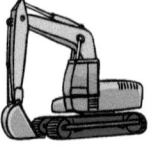

digger

bager

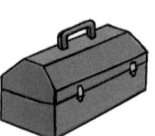

toolbox

kutija sa alatom

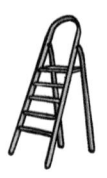

ladder

ljestve

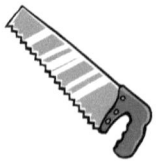

saw

testera, pila

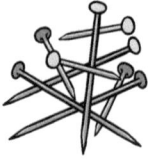

nails

ekser

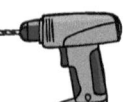

drill

bušilica

repair

popraviti

shovel

lopata

Damn!

sranje!

dustpan

lopatica

paint pot

kanta boje

screws

vijak

## musical instruments
## muzički instrumenti

loudspeaker
zvučnik

drum kit
bubnjevi

guitar
gitara

double bass
kontrabas

trumpet
truba

piano

klavir

violin

violina

bass

bas

timpani

bubanj timpani

drums

bubanj

keyboard

sintisajzer

saxophone

saksofon

flute

flauta

microphone

mikrofon

musical instruments - muzički instrumenti

# zoo

## zološki vrt

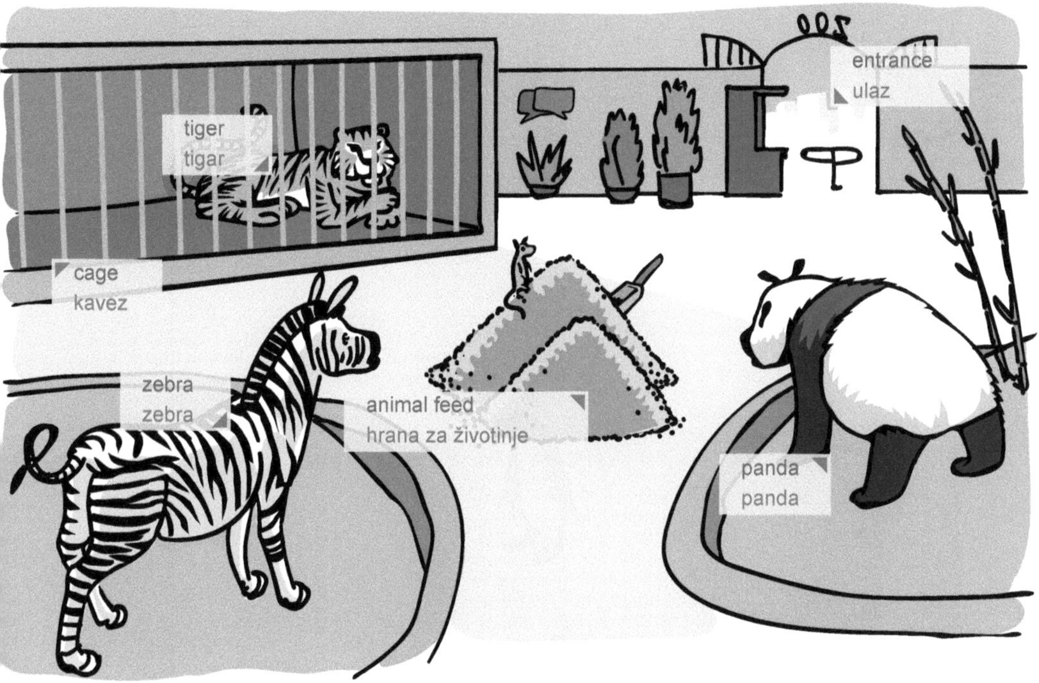

tiger
tigar
entrance
ulaz
cage
kavez
zebra
zebra
animal feed
hrana za životinje
panda
panda


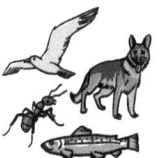

animals

životinje

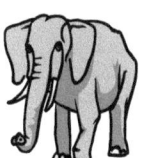

elephant

slon

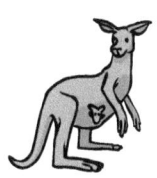

kangaroo

kengur

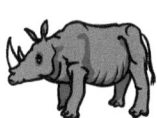

rhino

nosorog

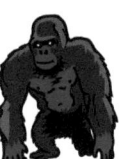

gorilla

gorila

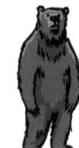

bear

medvjed

camel

kamila

ostrich

noj

lion

lav

monkey

majmun

flamingo

flamingo

parrot

papagaj

polar bear

polarni medvjed

penguin

pingvin

shark

morski pas

peacock

paun

snake

zmija

crocodile

krokodil

zookeeper

čuvar u zološkom vrtu

seal

tuljan

jaguar

jaguar

pony

poni

leopard

leopard

hippo

nilski konj

giraffe

žirafa

eagle

orao

boar

divlja svinja

fish

riba

turtle

kornjača

walrus

morž

fox

lisica

gazelle

gazela

American football
amerikči fudbal

cycling
vožnja bicikla

tennis
tenis

basketball
košarka

swimming
plivanje

boxing
boks

ice hockey
hokej na ledu

football
fudbal

badminton
bedminton

athletics
laka atletika

handball
rukomet

skiing
skijanje

polo
polo

# activities
# aktivnosti

jump
skakati
sing
pjevati
hug
zagrliti
laugh
smijati se
walk
ići
pray
moliti
kiss
ljubiti
dream
sanjati

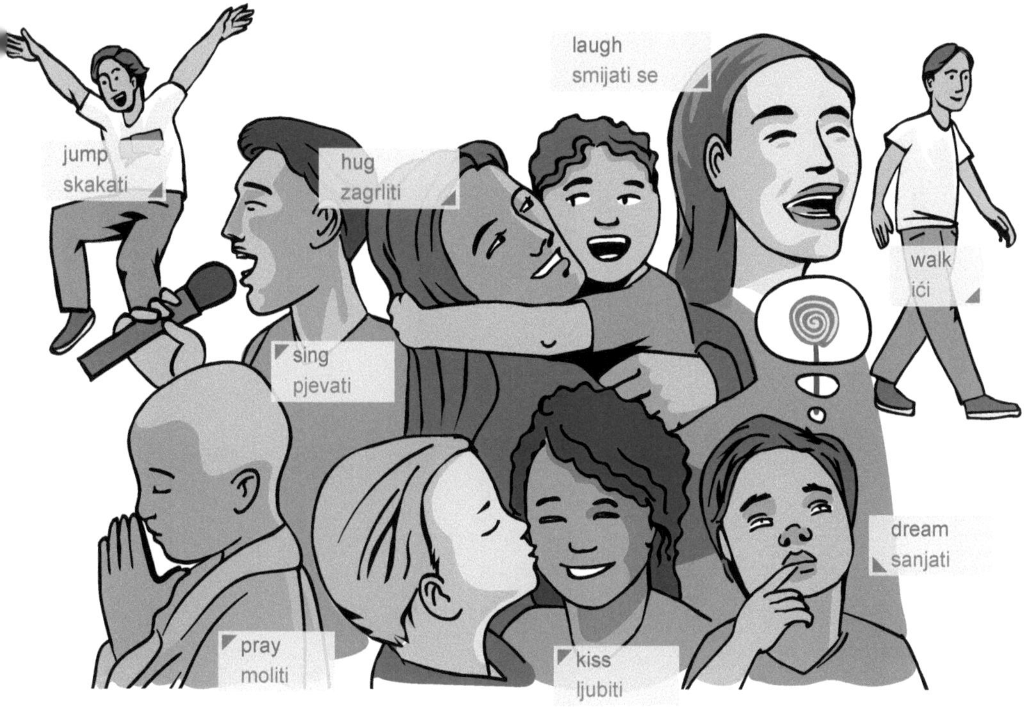

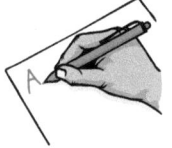

write

pisati

draw

crtati

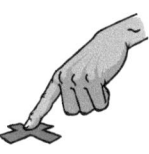

show

pokazati

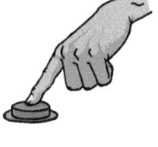

push

gurati

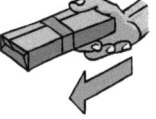

give

dati

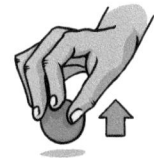

take

uzeti

have
imati

do
raditi

be
biti

stand
stajati

run
trčati

pull
vući

throw
baciti

fall
pasti

lie
ležati

wait
čekati

carry
nositi

sit
sjediti

get dressed
obući

sleep
spavati

wake up
probuditi

activities - aktivnosti

look at

pogledati

cry

plakati

stroke

milovati

comb

češljati

talk

govoriti

understand

razumjeti

ask

pitati

listen

slušati

drink

piti

eat

jesti

tidy up

pospremiti

love

voljeti

cook

kuhati

drive

voziti

fly

letjeti

sail

jedriti

calculate

računati

read

čitati

learn

učiti

work

raditi

marry

vjenčavti

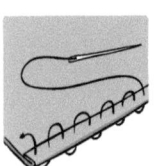

sew

šiti

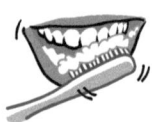

brush teeth

prati zube

kill

ubiti

smoke

pušiti

send

slati

# family
# porodica

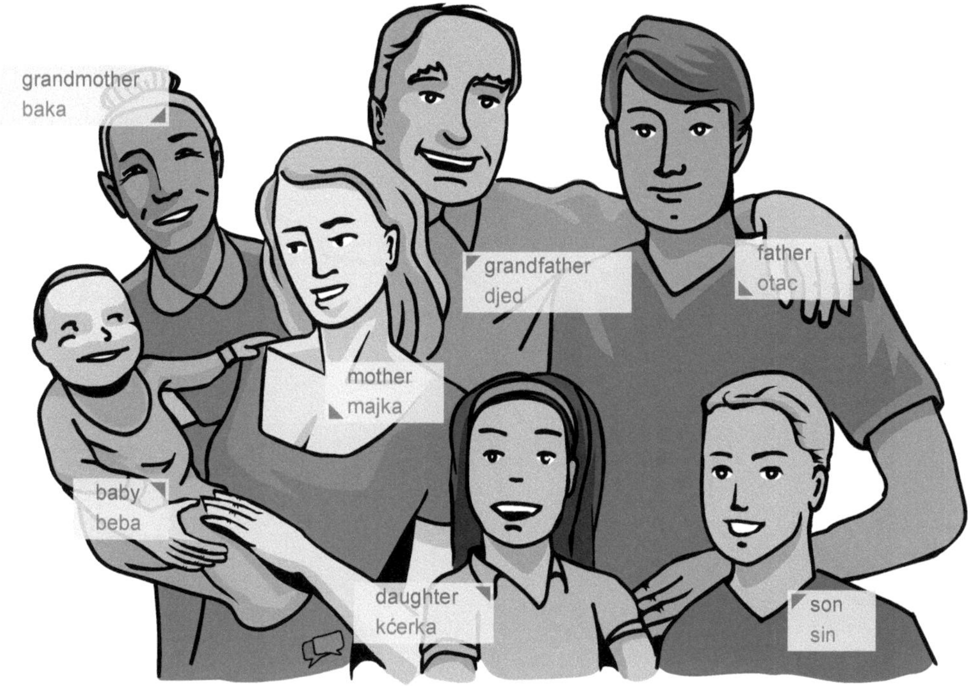
grandmother
baka
grandfather
djed
father
otac
mother
majka
baby
beba
daughter
kćerka
son
sin

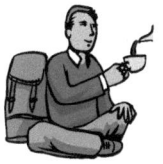

guest

gost

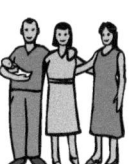

aunt

ujna, tetka, strina

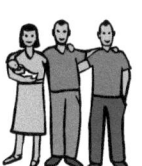

uncle

ujak, tetak, stric

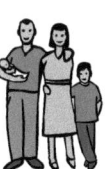

brother

brat

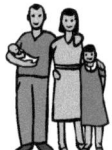

sister

sestra

# body
# tijelo

forehead
čelo
eye
oko
shoulder
leđa
finger
prst
face
lice
chin
brada
hand
ruka, šaka
leg
noga
breast
grudi
arm
ruka


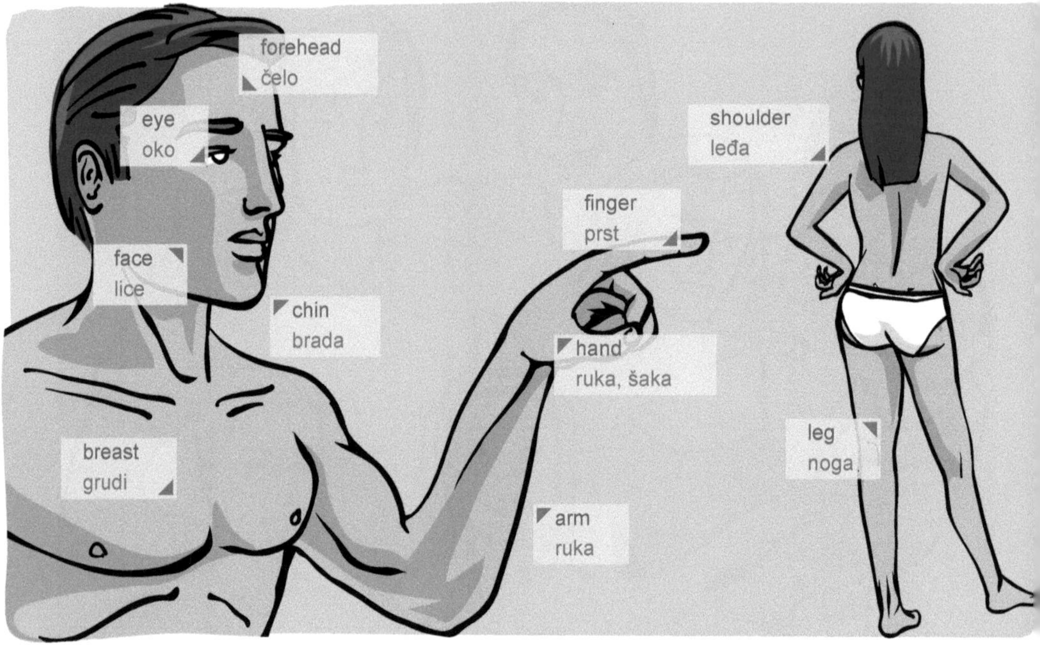

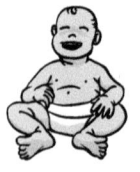

baby
beba

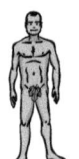

man
muškarac

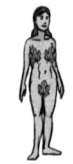

woman
žena

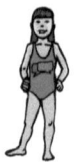

girl
djevojčica

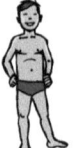

boy
dječak

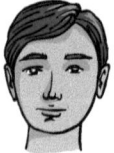

head
glava

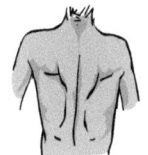

back

leđa

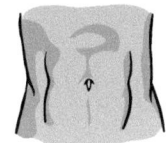

belly

stomak

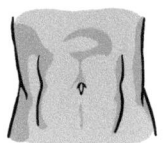

belly button

pupak

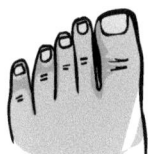

toe

nožni prst

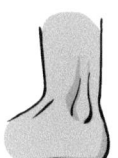

heel

peta

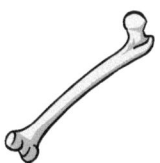

bone

kosti

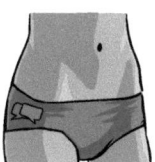

hip

kuk

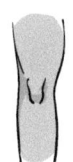

knee

koljeno

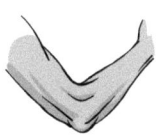

elbow

lakat

nose

nos

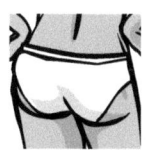

bottom

stražnjica

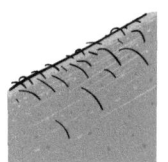

skin

koža

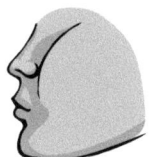

cheek

obraz

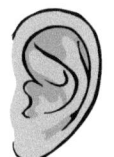

ear

uho

lip

usna

body - tijelo

mouth

usta

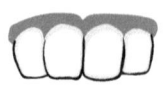

tooth

zub

tongue

jezik

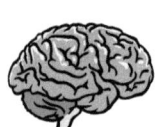

brain

mozak

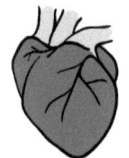

heart

srce

muscle

mišić

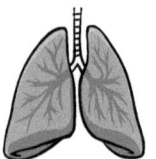

lung

pluća

liver

jetra

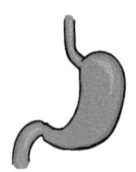

stomach

želudac

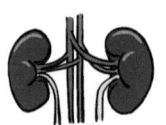

kidneys

bubreg

sex

spolni odnos

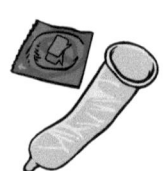

condom

kondom

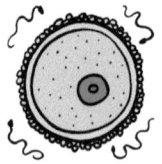

ovum

jajna ćelija

semen

sperma

pregnancy

trudnoća

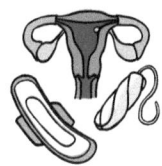

menstruation

menstruacija

vagina

vagina

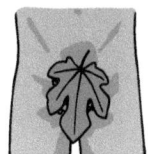

penis

penis

eyebrow

obrva

hair

kosa

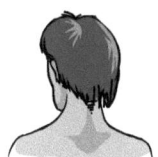

neck

vrat

# hospital
# bolnica

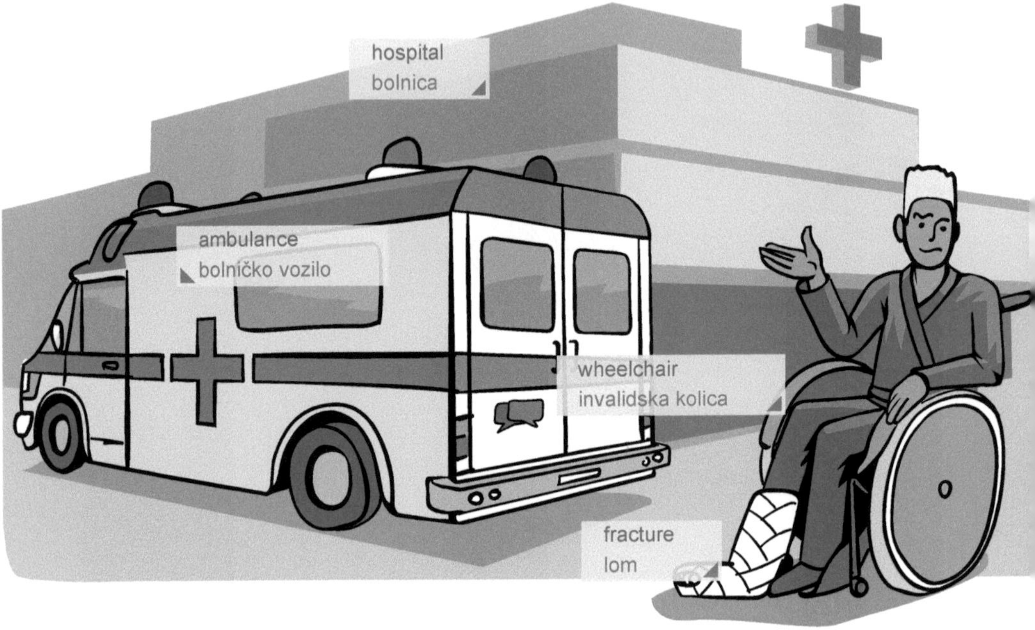

hospital
bolnica
ambulance
bolničko vozilo
wheelchair
invalidska kolica
fracture
lom

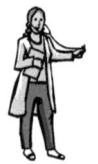

doctor

ljekar

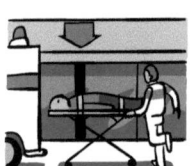

emergency room

hitna služba

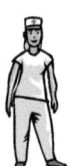

nurse

medicinska sestra

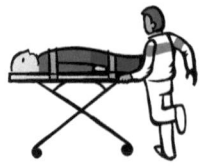

emergency

hitna pomoć

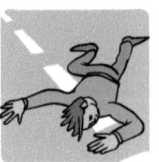

unconscious

nesvjest

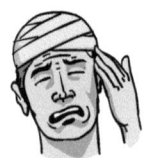

pain

bol

injury

povreda

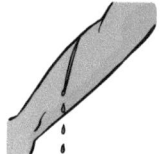

bleeding

krvarenje

heart attack

srčani udar, infarkt

stroke

moždani udar

allergy

alergija

cough

kašalj

fever

groznica

flu

gripa

diarrhoea

proljev

headache

glavobolja

cancer

rak

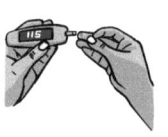

diabetes

dijabetes

surgeon

hirurg

scalpel

skalpel

operation

operacija

CT

CT

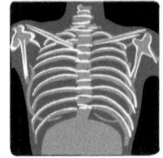

x-ray

rendgen

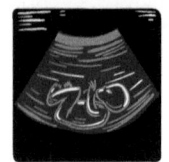

ultrasound

ultrazvuk

face mask

maska

disease

bolest

waiting room

čekaonica

crutch

štake

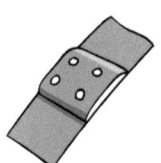

plaster

flaster

bandage

zavoj

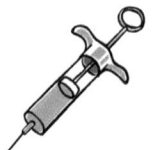

injection

injekcija

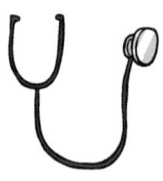

stethoscope

stetoskop

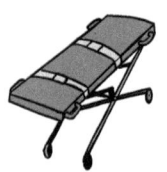

stretcher

nosilo

clinical thermometer

termometar

birth

porod

overweight

prekomjerna težina, debljina

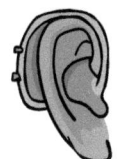

hearing aid

slušni aparat

disinfectant

sredstvo za dezinfekciju

infection

infekcija

virus

virus

HIV / AIDS

HIV/ AIDS

medicine

medicina

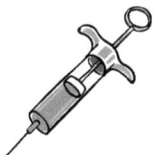

vaccination

vakcinacija

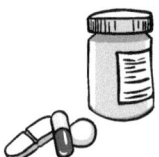

tablets

tablete

pill

pilula

emergency call

hitni poziv

blood pressure monitor

aparat za mjerenje pritiska

ill / healthy

bolestan / zdrav

| | | |
|---|---|---|
| |  |  |
| Help! | alarm | assault |
| Upomoć! | alarm | napad, prepad |
| 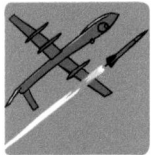 |  |  |
| attack | danger | emergency exit |
| napad | opasnost | izlaz u slučaju opasnosti |
| |  |  |
| Fire! | fire extinguisher | accident |
| Požar! | vatrogasni aparat | nezgoda |
| 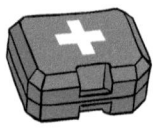 |  |  |
| first-aid kit | SOS | police |
| torba prve pomoći | SOS | policija |

Europe

Europa

North America

Sjeverna Amerika

South America

Južna Amerika

Africa

Afrika

Asia

Azija

Australia

Australija

Atlantic

Atlantik

Pacific

Pacifik

Indian Ocean

Indijski okean

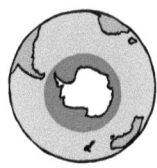

Antarctic Ocean

Antarktički okean

Arctic Ocean

Arktički okean

North Pole

Sjeverni pol

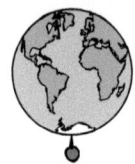

South Pole
Južni pol

Antarctica
Antarktik

Earth
Zemlja

land
zemlja

sea
more

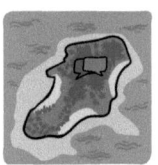

island
ostrvo

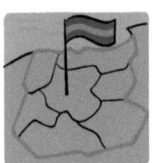

nation
nacija

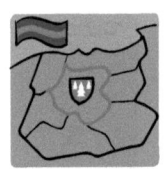

state
država

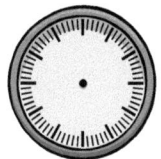

clock face

brojčanik sata

hour hand

kazaljka sata

minute hand

kazaljka minute

second hand

kazaljka sekunde

What time is it?

Koliko je sati?

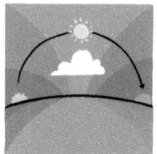

day

dan

time

vrijeme

now

sada

digital watch

digitalni sat

minute

minuta

hour

sat

# week

## sedmica, nedjelja

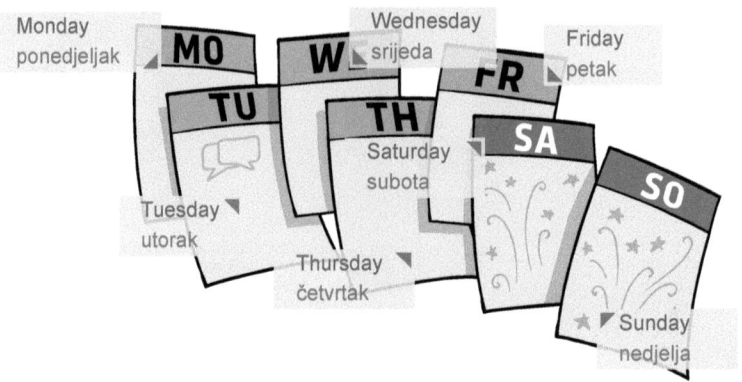

Monday
ponedjeljak

Tuesday
utorak

Wednesday
srijeda

Thursday
četvrtak

Friday
petak

Saturday
subota

Sunday
nedjelja

yesterday

juče

today

danas

tomorrow

sutra

morning

jutro

noon

podne

evening

veče

| MO | TU | WE | TH | FR | SA | SU |
|----|----|----|----|----|----|----|
| 1 | 2 | 3 | 4 | 5 | 6 | 7 |
| 8 | 9 | 10 | 11 | 12 | 13 | 14 |
| 15 | 16 | 17 | 18 | 19 | 20 | 21 |
| 22 | 23 | 24 | 25 | 26 | 27 | 28 |
| 29 | 30 | 31 | 1 | 2 | 3 | 4 |

business days

radni dani

| MO | TU | WE | TH | FR | SA | SU |
|----|----|----|----|----|----|----|
| 1 | 2 | 3 | 4 | 5 | 6 | 7 |
| 8 | 9 | 10 | 11 | 12 | 13 | 14 |
| 15 | 16 | 17 | 18 | 19 | 20 | 21 |
| 22 | 23 | 24 | 25 | 26 | 27 | 28 |
| 29 | 30 | 31 | 1 | 2 | 3 | 4 |

weekend

vikend

# year
# godina

rain
kiša
wind
vjetar
snow
snijeg
spring
proljeće
autumn
jesen
summer
ljeto
winter
zima


4.APRIL 11°
5.APRIL 4°
6.APRIL 13°
7.APRIL 8°
8.APRIL 10°


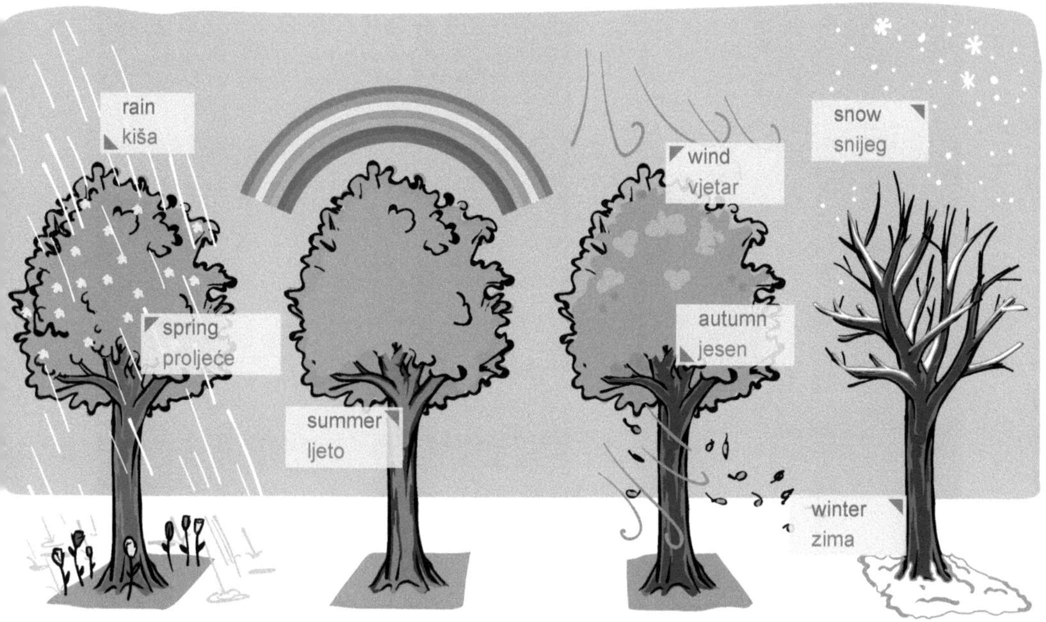

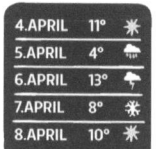

weather forecast
prognoza vremena

F C
120 40
90 30
60 20
30 10
0 0
-30 -10
-20


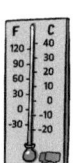

thermometer
termometar

sunshine
sunčev sjaj

cloud
oblak

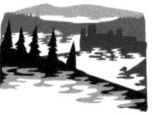

fog
magla

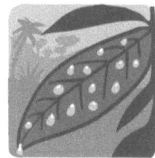

humidity
vlažnost vazduha

lightning

munja

thunder

grom

storm

oluja

hail

tuča, led

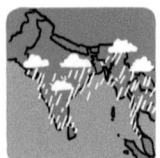

monsoon

monsun

flood

poplava

ice

led

January

januar

February

februar

March

mart

April

april

May

maj

June

juni

July

juli

August

avgust

year - godina

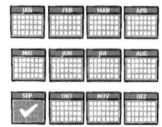

September
septembar

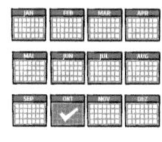

October
oktobar

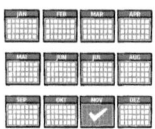

November
novembar

December
decembar

## shapes
## oblici

circle
krug

square
kvadrat

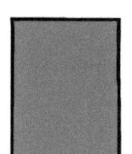

rectangle
pravougao

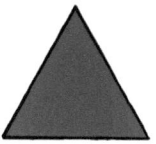

triangle
trougao

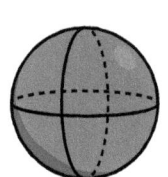

sphere
kugla

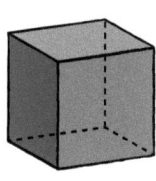

cube
kocka

# colours

## boje

white
........................
bjel

yellow
........................
žut

orange
........................
narandžast

pink
........................
pink

red
........................
crven

purple
........................
ljubičast

blue
........................
plav

green
........................
zelen

brown
........................
smeđ

grey
........................
siv

black
........................
crn

a lot / a little

malo / mnogo

angry / calm

ljutit / miran

beautiful / ugly

lijep / ružan

beginning / end

početak / kraj

big / small

veliki / mali

bright / dark

svijetlo / tamno

brother / sister

brat / sestra

clean / dirty

čist / prljav

complete / incomplete

potpun / nepotpun

day / night

dan / noć

dead / alive

mrtav / živ

wide / narrow

široko / usko

edible / inedible

ukusno / neukusno

evil / kind

zao / prijatan

excited / bored

uzbuđen / dosadan

fat / thin

debeo / mršav

first / last

najprije / najkasnije

friend / enemy

prijatelj / neprijatelj

full / empty

pun / prazan

hard / soft

trvd / mekan

heavy / light

težak / lagan

hunger / thirst

glad / žeđ

ill / healthy

bolestan / zdrav

illegal / legal

ilegalan / legalan

intelligent / stupid

inteligentan / glup

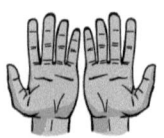

left / right

lijevo / desno

near / far

blizu / daleko

**new / used**

nov / polovan

**nothing / something**

ništa / nešto

**old / young**

star / mlad

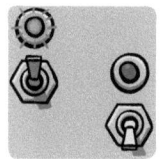

**on / off**

uključeno / isključeno

**open / closed**

otvoreno / zatvoreno

**quiet / loud**

tiho / glasno

**rich / poor**

bogat / siromašan

**right / wrong**

tačno / pogrešno

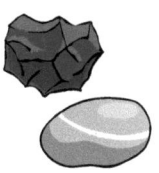

**rough / smooth**

hrapav / glatak

**sad / happy**

tužan / srećan

**short / long**

kratak / dug

**slow / fast**

spor / brz

**wet / dry**

mokro / suho

**warm / cool**

toplo / hladno

**war / peace**

rat / mir

**0**

zero

nula

**1**

one

jedan

**2**

two

dva

**3**

three

tri

**4**

four

četiri

**5**

five

pet

**6**

six

šest

**7**

seven

sedam

**8**

eight

osam

**9**

nine

devet

**10**

ten

deset

**11**

eleven

jedanaest

**12**

twelve

dvanaest

**13**

thirteen

trinaest

**14**

fourteen

četrnaest

**15**

fifteen

petnaest

**16**

sixteen

šesnaest

**17**

seventeen

sedamnaest

**18**

eighteen

osamnaest

**19**

nineteen

devetnaest

**20**

twenty

dvadeset

**100**

hundred

sto

**1.000**

thousand

hiljada

**1.000.000**

million

milion

English
engleski

American English
američki engleski

Chinese Mandarin
kinesko mandarinski

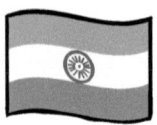

Hindi
hindi

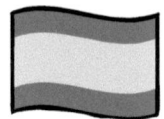

Spanish
španski

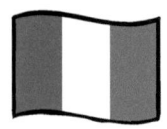

French
francuski

Arabic
arapski

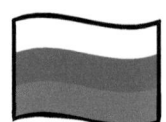

Russian
ruski

Portuguese
portugalski

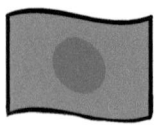

Bengali
bengalski

German
njemački

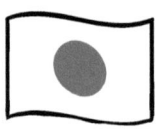

Japanese
japanski

I
ja

you
ti

he / she / it
on / ona / ono

we
mi

you
vi

they
oni

who?
ko?

what?
šta?

how?
kako?

where?
gdje?

when?
kada?

name
ime

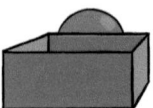

behind

iza

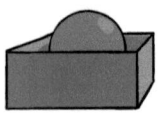

in

u

in front of

pred

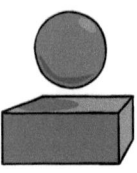

over

iznad

on

na

under

ispod

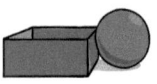

beside

pored

between

između

place

mjesto